Rencontres de Loire

Marie Cabreval

Les souffleurs de vers
Editions

Rencontres de Loire
Marie Cabreval

ISBN 978-2-9592216-3-7

Imprimé par BOD
Editions Les Souffleurs de vers

dépôt légal octobre 2024

Impression : Libri Plureos GmbH,
Friedensallee 273, 22763 Hamburg
(Allemagne)

Le mot de l'éditrice

Les flots se rencontrent.
Confluence poétique.
Tu as dit « petit recueil » mais pour moi, il est
un grand honneur.

Ici, confié à mes mains d'éditrice et à mon
coeur poète, les *Rencontres de Loire* deviennent
l'objet de nos convergences.

Rencontres de Loire.

La Loire s'impose.
Je décide d'une contrainte pour apaiser le flot.

Quatre dés jetés dans les cailloux.
Je m'immobilise, vingt minutes, pas davantage

De gauche à droite, quatre constellations.
Chacune détermine le nombre de mots d'un vers.

Deux fois, quatre quatrains à écrire dans l'aléatoire
de l'instant.

Puis seulement, quatre quatrains quand le froid
s'associe à l'écriture.

La fréquence des rencontres est indéterminée.
Le temps a disparu dans le tumulte des eaux
L'heure s'écrit encore.

Deux charmes, un banc de pierre

ça souffle en douceur

un rideau saule fragmente

la Loire derrière

Mouvement du flot caressé de reflets

sédiment de lumière brune

du vent en absence

d'un ciel

Nuage de bleu dans le blanc
éclats en filigranes jetés
des fils d'argent
voyage en onde

Un vol fugace d'oiseau solitaire
résonance d'arbres fouettés
au loin le sable
à peine étreint

11 octobre
11h30

Rien n'inscrit l'automne encore
l'autre rive silencieuse
sourit d'arbres charnus
pastel de ciel

Une mouette effleure le tain froissé
au loin un envol
comme des mouchoirs jetés
d'oiseaux migrants

La Loire frémit de soleil tombé

le jour s'adoucit

du soir qui vient

fragment de caresse

Du doux en mémoire d'été

des banquises de sable

des frémissements de branches

sieste du fleuve

11 octobre

Miroir en eau

le ciel bleu s'offre immobile

le chaud uni s'affaisse

fleurs mauves entre sable et Loire

En herbes folles

s'approcher sans quitter des yeux

des filaments de feuilles d'or

des étoiles de jours en lumière

En transparence écueil

des pierres couvertes de soleil mouillé

regard du temps qui flotte

le fleuve recueille les feuilles mortes

Couple en barque

les rames explosent le lit froissé

puis une spirale de silence

en flottaison de soleil tombé

15 octobre

17h15

L'attente évaporée

tâches rouille en myopie du monde

absence de vent sur le chaud

en flou timide les feuilles encore

Mémoire d'instant

le fleuve s'épaissit de regards posés

un cri d'oiseau moqueur

dans l'intensité d'octobre indien

Pas de ricochet

un caillou jeté comme un regret

l'enfance surgit avec douceur

en cadeau la Loire l'emporte

La trace frémit

l'instant s'évapore en surface

l'amorce d'un récit

comme une larme qui s'enfonce

15 octobre

Sur les fronces bercées d'eau
flottaison d'îles
à fleur de l'onde
sommeil de sable en suspension

Les cimes déploient leurs ailes frêles
points en loin
six cygnes regroupent le blanc
une permanence d'oiseaux statue

Le ciel moutonne en gris percé

le soir descend

la lumière retire ses éclats

les ombres annoncent la chute

Des mats de gabarres en contrebas

un ciel cisaillé

élancement d'un reflet de vol

une tache de soleil fondu

18 octobre
18h15

Eclaboussement soyeux au ras des yeux

le ciel noyé

sans heurt en touches posées

sur la nappe du fleuve.

Deux cygnes s'échappent du groupe

illusion de nuages

l'envol de blanc flotté

effleure la surface du rêve

Du vert en lisière de regard

des cimes fuient

certains arbres dévêtus

regrettent leur musique de feuilles

Des moucherons suivent le vent léger

l'eau murmure

berceuse suspendue d'un répit

c'est l'heure bleue

18 octobre

Heure d'hiver

des centaines d'oiseaux posés

silence

impression immobile

Du froid gerce

la mort d'un jour

figé

d'envol

Noir et gris

déjà le fleuve grelotte

incertitude

miroir blessé

Le flot geint

en lumière d'hiver naissant

mélancolique

chagrin courbé

6 novembre

8h45

Trois anneaux d'amarrage
escalier froid
l'eau caresse le mur
enlacement

Un ciel de bruit
ça crie
battements d'ailes en crécelle
corneilles

Vol vibrant collé-serré

ça piaille

un ballet d'ailes miroir

farandole

La nuit s'annonce

sable noirci

les arbres se noient

silence

9 novembre
18h35

Un vol groupé

comme un dessin d'enfant

trait

mouvant

Brisure de toile

la pluie transperce les ombres

étendue

trouée

Des branches agonisent

derrière les dernières feuilles froissées

résistance

orange

Des nuages flottent

Le regard perd le sens

Dessus

dessous

10 novembre

15h40

Le canal traversé

attrape la Loire en gris

brouillard de la nuit alanguie

ciel et fleuve mélangés

Sous le muret

le flot éteint la lumière

nids d'îles sans contour

dans un coton brouillard

vol blanc déplié

du noir au fusain dessiné

un ventre d'oiseau glissé

les yeux doucement levés

Les doigts froids

écrire sur la pierre craquelée

l'épaisseur du temps figée

dans les yeux absents

14 novembre

16h10

Canal et Loire

langue

jetée

un chemin entre les eaux

Elle surgit floue

silhouette

noire

voyage entre deux flots gris

Une branche flotte

embarcation

fragile

d'un rêve en flottaison

Matin d'hiver

pensée

posée

le gris ondulé s'obstine

15 novembre

9h55

En intime murmure

le blanc transperce

le froid

en transparence

Étirement de nuages

méduses de ciel

lumière retournée

en flot

Blanc dans gris

soupir de gel

tremblement frileux

ciel mouton

Jour d'anniversaire

l'aube nébuleuse

je frisson

de toi.

17 novembre

13h

À fleur de fleuve

des ventres d'arbres engloutis

l'eau lèche

voluptueusement

Le flot s'étale

les mouettes illusionnent les yeux

lames d'océan.

brassées

Mélange de ciel charbon

Le gris bouillonne en cercle

les rives succombent

disparition.

Etreinte les bras ouverts

Des rouleaux énervés s'agitent

L'eau enserre

Naufrage.

20 janvier 11h

Le flot détale et s'étale

la Loire enfle

elle s'étire

l'ogresse

L'onde avale les berges fiévreuses

elle s'énerve

dévore le sable

tout cru

La Loire s'approche des hommes
affolement des terres
enlacement d'écume
ça déborde

La pluie renverse le ciel éteint
grisaille sans répit
abandon de lumière
lit défait.

27 janvier

Remerciements

En résonnance sensible,

il existe des rencontres d'ondes dans les mouvements du fleuve.
Avec les *Souffleurs de Vers*, Léa Cerveau est une passeuse de lumière.
Les mots sont parfois trop petits pour qu'elle en soit suffisamment remerciée.

Contact éditeur :
direction@lessouffeursdevers.fr

La maison d'édition Les souffleurs de vers est
une structure associative qui œuvre pour la
diffusion de l'art poétique à travers l'édition
de livres et les activités de la Maison des
Poésies du Centre.

Vous pouvez nous soutenir en faisant un don
et/ou en adhérant à notre association.

Pour cela vous pouvez consulter notre site
internet www.lessouffeursdevers.fr

Les souffleurs de vers
Editions

Nos autres publications

Les Funesteries, de Léa Cerveau

Rien n'est trop peu, de Julien Zamit

Les poètes font société, recueil collectif

Prochainement

La peau du silence, de Martine Salmon

Quelque chose danse, d'Annabelle Larchevêque

En corps, en exil, de Léa Cerveau